AF227180

DEUXIÈME LETTRE

D'ICILIUS.

Pourquoi y a-t-il opposition contre la charte?

LE ROI.

Qui vous a fait comte ?

LE COMTE.

Qui vous a fait roi ?

La Charte a détruit des espérances.

En reconnaissant les droits du Prince, elle a méconnu les droits de la noblesse, qui avait aussi sa légitimité.

Les prétentions des gentilshommes étaient immenses ; ils demandaient tout ce qui leur était dû, et quelque chose encore de plus que tout, comme aurait dit madame de Staël.

A chaque demande, le ministère alléguait la charte ; il la donnait comme réponse à toutes les plaintes ; il l'opposait à tous les émigrés comme un obstacle ; il la mettait en butte à tous les traits ; dès lors elle devint coupable de tous les refus ministériels. Parmi les émigrés éconduits, chacun l'accusa de son infortune ; elle devint une ennemie pour les nobles qui voulaient des places. Le ministère, à son tour, l'accusa de ses fautes ; il la chargea de la haine qu'il avait encourue, et lui imputa tout le mal qu'il avait fait en l'outrageant : elle devint une ennemie pour les nobles qui voulaient le bien, et qui le crurent impossible avec elle.

La charte maintenait la vente des biens nationaux ; elle parut la complice d'une injustice qu'elle consacrait.

Elle conservait aux parvenus de l'empire leurs titres de noblesse.

Les vieux gentilshommes furent choqués de se voir de pareils collègues, et de les voir en si grand nombre.

En même temps la charte élevait au-dessus des anciens et des nouveaux nobles la noblesse privilégiée de la pairie ; c'est-à-dire qu'après avoir blessé les gentilshommes en leur donnant des égaux, elle les blessait de nouveau en leur donnant des supérieurs.

Elle fit plus :

Comme pour insulter au malheur de la noblesse ruinée, elle imposa la fortune comme unique condition de capacité électorale.

Elle offensait en particulier la noblesse de cour.

Elle conservait à des hommes de néant des dignités qui donnent entrée aux Tuileries ; elle obligeait à respecter ce qu'il y a de moins respectable, des gens sans naissance.

Des familles historiques qui depuis des siècles occupent la chambre, l'office, la garde-robe et les écuries, étaient réduits à partager ces hautes dignités avec les parvenus de l'empire.

La charte, qui imposait de pareils sacrifices, diminuait en outre les sinécures, et donnait des bornes aux largesses de la couronne en fixant l'étendue de la liste civile. En rendant le ministère responsable, la charte ôtait à la cour son ancienne influence dans la nomination aux emplois.

L'indignation qu'elle excita fut générale. Les nobles, oubliant leurs fautes contre la royauté, s'en étaient déclarés les amis par excellence.

Comme s'ils n'eussent failli ni dans les parlemens, ni parmi les notables, ni dans l'assemblée constituante, ni au 10 août, ni à Coblentz, ils réclamaient le prix de leur fidélité.

Ils citaient comme dévouement des sacrifices faits à la peur, comme attachement à la monarchie, les regrets donnés à la perte de ses faveurs.

L'épisode impérial avait disparu de leur histoire.

A les entendre, ils avaient seuls combattu, souffert et mérité.

Toute pitié leur était due, comme aussi toute récompense.

Ils voyaient la restauration comme un riche domaine à exploiter ; ils demandaient la monarchie comme un revenu ; ils dévoraient en espérance le règne des Bourbons.

Cette partie de la noblesse dut haïr la charte qui lui disputait sa proie.

Pour des raisons aussi fortes, la charte fut odieuse à beaucoup de membres du clergé.

Le nom seul de constitution réveillait en eux de funestes souvenirs.

Ils voyaient en elle un précurseur des révolutions, et comme un prophète de mauvais jours.

La charte, à les en croire, portait dans son sein les persécutions religieuses ; le sang des derniers martyrs criait contre elle.

La protection qu'elle accordait à tous les cultes était une protection sacrilége de l'hérésie.

La charte voyait du même œil le mensonge et la vérité ; dans la crainte de se montrer intolérante, elle autorisait l'indifférence et l'athéisme.

En consacrant la vente des biens du clergé, elle se rendait complice d'une odieuse injustice.

Elle donnait ainsi gain de cause aux intérêts comme aux principes de la révolution.

Elle achevait l'ouvrage des philosophes.

Après tant de sacrifices, de travaux et de misères, les prêtres de Jésus-Christ qu'avait épargnés la hache des révolutionnaires, au retour de la paix et de la justice, au jour de la restauration et sous le règne du Roi très-chrétien, se retrouvaient confondus avec les juifs et les luthériens.

Une partie du clergé dut haïr la charte.

En vain on lui disait que les événemens avaient octroyé la liberté des cultes avant la charte, qu'il y avait de l'inévitable et de l'indomptable dans les choses humaines, qu'il fallait céder à des faits opiniâtres et subir la nécessité.

En vain, à sa demande de voir la politique accorder une protection spéciale à la foi catholique, on objectait les malheurs que cette protection avait toujours causés à toutes les époques et dans tous les pays.

En vain on lui rappelait Henri IV et Grégoire VIII, les Borgia, le duc d'Albe, Philippe II, les Guises, Henri VIII, Christiern, le père La Chaise, etc.

En vain on lui rappelait les succès obtenus par les philosophes à cette même époque où le pouvoir politique appuyait le sacerdoce.

En vain on lui reprochait de réclamer comme remède au mal ce qui l'avait causé, ou du moins ce qui n'avait pu l'empêcher.

Le clergé imputa à la charte l'impiété du siècle, et réclama contre la spoliation des églises.

En vain au tableau de la misère du sacerdoce on opposa le tableau des misères publiques.

En vain à des demandes de dotations pour les séminaires, de secours pour les pasteurs et les religieux, on allégua les charges de l'état, les dettes, l'occupation, les ravages de la guerre, les besoins de la cour, de l'armée, et du service public.

Il continua d'accuser une charte qui le dépouillait de ses propriétés, et de demander des secours au gouvernement qui profitait de la spoliation.

C'est à ces causes, dont plusieurs étaient légitimes, qu'il faut attribuer l'opposition de la noblesse, de la cour et du clergé, à l'établissement du gouvernement constitutionnel.

Pourquoi cette opposition a-t-elle eu tant de force?

> Mon fils, fais-toi plus petit.
> (Parménion.)

La faiblesse même de l'opposition a fait sa puissance; elle dut à la pitié qu'elle inspirait l'intérêt du pays; son talent fut de se rendre victime privilégiée, et de s'attribuer le monopole des consolations.

Elle parut avoir des droits particuliers à la bienfaisance du Monarque.

Exilée avec lui, elle avait souffert avec lui et pour lui; elle en obtint des pensions sur la liste civile, et des charges à la cour.

Cette position lui donnait les moyens de plaider auprès du trône une cause qui avait été la sienne; elle en obtint des pairies, des ambassades, des évêchés et des préfectures; elle eut la plus riche part dans la distribution des titres, des croix et des cordons.

Le ministère, pour s'associer à ces vues, et pour se créer des appuis, prodigua à la noblesse tous les emplois dont il put disposer.

Après avoir tiré parti de ses infortunes, la noblesse songea à exploiter sa fidélité.

Elle réclama la garde du prince, et forma en 1814 sa maison militaire. Placés d'abord dans l'armée avec des grades honorifiques, des colonels et des généraux improvisés obtinrent avec le temps une paye et des commandemens de corps.

Enfin la nation imita le Roi et le ministère : elle choisit pour ses députés des gentilshommes ; elle voulut à la fois payer sa dette à la fidélité malheureuse, et rassurer la monarchie sur ses intentions.

Cependant les préfets ouvraient à l'opposition royaliste les conseils généraux, les conseils de préfecture et les conseils municipaux.

Grâce à l'appui que lui prêtaient le Roi, le ministère et la nation, l'opposition envahit la cour, les chambres et l'administration.

Nos fautes augmentaient son influence. La France avait le tort d'avouer ou du moins de souffrir comme ses interprètes des hommes compromis par leurs actes durant la république ou durant l'empire. La cause de la liberté fut haïe en haine des méchans qui la défendaient.

Certains écrivains attaquaient la monarchie elle-même en attaquant les abus que souffrait le ministère.

Des choix sinistres avaient été faits dans les colléges électoraux, et des menaces avaient rétenti dans les deux tribunes ; les constitutionnels furent jugés d'après un petit nombre de coupables qui parlaient pour tous, et ce petit nombre fut jugé d'après ses œuvres, qui étaient des bassesses et des crimes. Nos malheurs mêmes profitaient à l'opposition.

Elle imputait aux amis de la liberté les fureurs de la révolution, le retour de Buonaparte, la défection de l'armée, l'occupation étrangère, les emprunts, les conspirations.

Un exécrable attentat fut l'auxiliaire de son ambition.

Les révolutions d'Espagne, de Naples, de Sardaigne, de Portugal, justifiaient ses prévisions.

Elle put sonner le tocsin des rois, et sa force fut la grande épouvante dont ils étaient frappés. Comme Pluton au bruit de Neptune furieux, ils pâlirent sur leur trône ; ils entrevirent dans l'ombre le spectre sanglant des révolutions, et crurent ouïr dans le lointain le sourd rugissement du tigre populaire.

On les vit alors serrer leurs rangs, et, réunis dans la Sainte-Alliance, se cotiser pour avoir du courage.

La diplomatie européenne appuya l'opposition des royalistes en France. Elle entretint à Paris les divisions, qui nous ôtaient nos forces.

IIe Lettre.

A l'appui des rois, l'opposition royaliste joignit celui du sacerdoce. Au moment où la liberté commettait la faute de se montrer sous la livrée du despotisme et de l'impiété, l'opposition plaçait habilement au premier rang de son armée les pontifes de Jésus-Christ.

A l'exemple de Cambyse attaquant les Egyptiens, elle opposait aux traits de l'ennemi l'objet sacré de son respect et de sa religion.

Elle sanctifiait sa cause en prenant des saints pour la défendre; elle se réfugiait au pied des autels afin d'y être inviolable.

Elle amenait le pontife à confondre sa parole avec la parole de Dieu, à faire une tribune de la chaire, à commander la foi à ses opinions politiques comme la foi au symbole évangélique.

Sa politique fut prêchée sur tous les points de la France; sa voix retentit dans toutes les églises; les pasteurs des villes et des hameaux furent ses apôtres.

Alors de Paris, comme d'un centre commun, partirent les prêtres des missions, parcourant le pays dans tous les sens; et, formant partout des confréries, ils créaient à l'opposition de puissans auxiliaires.

A la tête de ces clubs religieux l'opposition plaçait des hommes de bien, dont la vertu, l'exemple et la fortune servaient à ses fins.

La formation des petits séminaires propagea ses doctrines.

Au-dessus des petits séminaires s'élevaient les colléges des jésuites, animés du même esprit.

L'opposition arriva au pouvoir. Comme Sixte-Quint, alors elle jeta ses béquilles, redressa fièrement sa taille, et d'une voix forte elle dit : Je suis reine !

C'était beaucoup d'y arriver ; mais il fallait s'y maintenir et garder ses appuis : en conséquence, elle distribua les récompenses à son armée victorieuse ; elle donna au clergé la loi du sacrilége ; aux émigrés le milliard ; à ses agens la censure ; aux députés la septennalité ; aux rois étrangers la démission de la France comme puissance.

Elle craignait la pairie, la magistrature, et la garde nationale : la majorité des pairs fut brisée, la magistrature fut dépouillée par les conflits, la garde de Paris fut licenciée.

Restait cette France qu'on ne pouvait ni réduire ni vaincre, et qu'on voulut tromper.

En trompant la France dans les élections, l'opposition assurait la durée de son triomphe ; son œuvre était accomplie, son règne était assuré ; mais comme ce damné d'Homère, qui au moment d'atteindre avec son rocher le sommet de la montagne, retombe avec lui dans le précipice, un pouvoir invincible repoussa vers l'abîme l'opposition désespérée.

Comme elle peut tenter un nouvel effort, il importe de lui ôter ses forces.

Examinons les forces qu'elle a perdues, celles qu'elle doit perdre encore, et celles qu'il faut lui laisser.

Je ne dirai point que la chute de l'opposition a détaché de ses intérêts la partie flottante des fonctionnaires, qui marche au secours de la force, soutient la victoire, et appuie le succès; elle retrouverait cet autre mobilier du ministère en revenant au pouvoir.

Mais je dirai qu'une partie de la nation elle-même a reconnu dans le revers de l'opposition le jugement de Dieu, et qu'aux yeux de la foule une chute fait supposer des fautes : notre devise est encore, malheur aux vaincus.

L'opposition a perdu sa bataille de Léipsick, son talisman est brisé.

Plus elle a déployé d'efforts dans son attaque contre la charte, mieux elle a prouvé que cette charte est puissante; tant de forces réunies pour l'attaquer n'ont fait que rendre plus éclatant son triomphe : la charte, ainsi que la religion, a tiré sa plus grande gloire des persécutions.

Plus les amis de l'opposition ont cru à ses victoires, plus aujourd'hui ils la jugent avec sévérité : persuadés encore que le succès était possible, ils imputent la défaite à l'ineptie des chefs, et les déclarent indignes de confiance : la discorde est dans le camp d'Agramant.

D'autres qui croient incontestables les talens de M. Villèle l'accusent d'avoir demandé l'impossible ; ils renoncent à tenter désormais ce qu'un tel homme n'a pu exécuter.

Les uns ne veulent pas l'opposition ; les autres ne veulent pas ceux qui l'ont faite.

L'usage que l'opposition a fait du pouvoir ministériel a compromis les forces qu'elle avait d'ailleurs : dans l'ivresse de la victoire, elle a révélé des projets odieux ; son secret lui est échappé, elle s'est trahie. Son règne a réfuté ses apologistes et justifié ses accusateurs ; il a permis de la juger d'après ses œuvres, et de la prendre sur le fait.

Le clergé a vu avec peine une victoire remportée pour la religion, ne profiter qu'aux ambitieux de la congrégation ; son amour-propre a souffert de voir toutes les prélatures données à la noblesse ; les anciens curés ont gémi des imprudences commises par le zèle exagéré de jeunes lévites. Le clergé de France a désavoué les honteuses maximes de l'ancien ministère et les fraudes de tout genre qui en étaient la conséquence.

La pairie a ressenti vivement l'atteinte portée à sa dignité.

La magistrature, abandonnant la cause du ministère, a rendu des arrêts, et non pas des services.

D'autres alliés du ministère, et vainqueurs avec lui, se plaignent d'avoir été oubliés dans le partage des dépouilles.

En marchant au combat, et pour avoir des recrues, l'opposition avait promis le pillage à tous ses soldats ; mais, après la victoire, elle ne put tenir tous ses engagemens. Son armée, faute de paye, a déserté. Combien de courtisans, de généraux, de députés oubliés dans l'envoi fait au Luxembourg, ont changé en haine vigoureuse l'amour qu'ils avaient pour l'opposition !

Enfin la France elle-même a ouvert les yeux : les colléges électoraux ont révélé sa pensée.

D'un autre côté, l'opposition a perdu ses droits à la pitié ; son rôle de victime est décidément fini : maîtresse de nos finances, elle s'est compté pendant six ans toutes les consolations qui peuvent nous rassurer sur ses destinées.

Sa fidélité ne la distingue plus du reste de la nation, les périls de la monarchie sont dissipés ; elle ne saurait plus se donner comme nécessaire.

La mort lui ravit chaque jour quelques partisans de l'ancien régime qui la servaient en aveugles, et qui meurent sans héritiers.

Forces qu'il faut laisser à l'opposition.

> Je le forçais d'aller au Capitole rendre grâce aux dieux des succès dont je le désespérais.
>
> (Montesquieu.)

L'opposition a ses charges à la cour, ses pairies, ses évêchés, ses pensions, son milliard, et ses journaux : elle doit les garder au nom du roi, de la charte, de la religion, de la justice ; ces biens lui sont acquis, et d'autres lui sont dus.

Mais prévenons l'abus qu'elle pourrait faire des uns et des autres, en lui ôtant une partie de ses forces.

Son grand avantage a été de trouver parmi nous des buonapartistes, des républicains, et des jacobins ; elle a mis à profit des choix régicides, les appels de jeunesse ; elle a été forte de nos erreurs et de nos fautes, en évitant les unes comme en réparant les autres : ôtons-lui tout sujet de plainte légitime, faisons tant de bien, qu'elle se taise ou déraisonne.

Arrivés au pouvoir, et pouvant la punir, faisons-lui sentir que les représailles sont odieuses, et montrons-lui qu'elle doit d'être épargnée à cette même charte qu'elle a voulu détruire.

Réfutons son système par un meilleur; accusons sa folie par notre sagesse; accomplissons les belles promesses qu'elle n'a pu tenir; empêchons-la d'être regrettée; proscrivons-la en nous faisant aimer; si nous sommes bons elle est perdue.

Les diverses mesures qui doivent affaiblir l'opposition font partie d'un plan général de réformes, qui embrasse l'ensemble du gouvernement.

Le gouverment se compose de spécialités, que l'on appelle ministères.

Avant de les considérer séparément nous avons à présenter des vues générales et communes à toutes les branches de service.

Mesures communes à tous les ministères.

Démissions à demander.

> Vous, les amis du roi Archidamus! non,
> par Jupiter, si vous avez méprisé les lois
> de Lacédémone.

Les triumvirs n'ont donné ou laissé les emplois qu'aux employés qui les secondaient. Tout homme ayant une place devait les servir ou la perdre ; cette doctrine avait chez eux l'autorité d'un principe ; chaque jour ils le disaient, et les faits appuyaient leurs discours.

Ainsi le fonctionnaire auquel ils confiaient l'autorité l'acceptait à cette condition : il s'engageait à servir ses bienfaiteurs, et pour prix de leurs bienfaits il devenait leur homme.

Pour accepter sans honte une pareille mission, ces fonctionnaires devaient croire d'une foi vive aux bonnes intentions du ministère ; ils devaient partager ses vues et ses principes ; l'idée qu'ils servaient en même temps le Roi et la patrie, devait ennoblir les services rendus au ministère.

Ce ministère est tombé, son système est abandonné, ses doctrines sont repoussées.

Ses amis restent cependant.

Aucun directeur général, nul conseiller d'é-tat, pas un seul préfet, n'a donné sa démission.

Ils abjurent un principe qui les arrache au pouvoir; ils refusent d'obéir à la loi qu'ils ont faite; ils ne veulent pas subir un arrêt qu'ils prononçaient sans pitié contre les autres.

Ils préfèrent accepter l'odieux soupçon d'avoir changé de conscience à volonté; ils prévoient les reproches et la honte, ils s'y résignent.

Ces hommes qu'on a vus, sous M. de Villèle, destituer à merci et miséricorde de simples maires de village accusés de libéralisme, gardent sous un ministère libéral leurs directions et leurs préfectures.

Leurs principes et la cruelle application qu'ils en ont faite, suffiraient pour absoudre un ministère qui les congédierait, quand leur conduite ne serait pas d'ailleurs un suffisant motif de leur ôter leurs places.

Artisans ou complices de fraudes, ils ont connu le mal qu'ils faisaient par ordre. Si l'armée fonctionnaire a pu obéir en aveugle, les généraux ont vu clair; ils ont, à bon escient, marché contre la charte; ils ont trahi leurs sermens, et ont combattu contre le pays.

Leur avancement même les accuse : ils n'ont point mérité sans raison la confiance de l'ancien ministère ; ils ont donné des gages au patron qui les a choisis. Il n'a pu ni recruter des ennemis, ni payer l'opposition : ils étaient avec lui, donc ils étaient pour lui ; cela est corollaire ; si le ministère a dû choir, il faut qu'ils tombent.

Ils ont d'ailleurs perdu les moyens d'être utiles ; ils ne pourraient changer leurs habitudes, abjurer le passé, et redevenir des hommes ; ils sont de vieux instrumens de despotisme qui ne peuvent servir la liberté, et qu'il faut mettre au garde-meuble.

Si vous ne voulez point achever l'ouvrage de M. de Villèle, répudiez ses ouvriers. Les préventions qu'ils font naître seraient déjà un obstacle ; ils se convertiraient à pure perte : le bien qu'ils feraient serait accusé par le mal qu'ils ont fait jadis ; leur changement paraîtrait une grimace ou une embûche.

Accusés de toute part, ils sont, par la force des choses, ennemis du système actuel, qui les dévoile. Ils regrettent un ministère qui couvrait leur nudité d'un manteau officieux ; ils haïssent sourdement un ministère qui les livre à des avanies continuelles, et qui se prépare à les remplacer.

Que soudain leur chef sorte de son île d'Elbe, qu'il reparaisse au milieu de sa vieille garde, à qui on a laissé les places fortes de l'administration , il sera salué comme un libérateur, et porté en triomphe sur le pavois ministériel.

L'administration de M. de Villèle est une armée qui a perdu son général, mais qui a gardé ses officiers, son drapeau, sa discipline et ses armes. Il n'y a point à attendre, il faut la licencier. La seule vue de cette armée irrite les regrets, et peut induire en tentation.

En laissant leurs emplois aux amis des triumvirs, on leur dit depuis trois mois : Vous êtes hommes sans conscience politique ; et on le prouve à quelques-uns. N'est-ce pas leur laisser le pouvoir de se venger, et leur en donner le désir ? N'est-ce pas les faire passer sous les fourches Caudines et leur laisser après toute liberté ? La faute est grave.

On oublie d'ailleurs que beaucoup de ces hauts fonctionnaires doivent leur avancement à la faveur ; on oublie qu'ils ont écarté, pour arriver, de plus anciens et de plus dignes, et qu'on restituera au mérite ce qu'on voudra leur ôter ; on oublie que leur nomination fut une injustice, que leur place est une usurpation, que leur traitement est un vol, et que ce vol a duré long-temps. Quoi ! un homme restera préfet parce que depuis six ans il prouve qu'il n'aurait jamais dû l'être !

On redoute les cris des familles.

Mais les fonctionnaires dont ils ont pris l'emploi n'avaient-ils ni femmes ni enfans?

On redoute les cris de la congrégation.

Mais cependant, il faut opter entre elle et la France : il faut ou renoncer au bien que la congrégation empêche, ou la soumettre pour le faire; il faut ou dédaigner ses cris ou la faire taire.

On vante Richelieu, on admire son génie; on lui fait hommage de la grandeur de la France; mais Richelieu a relégué la reine douairière à Cologne pour y mourir de faim.

On n'est point assez fort.

Ayez l'audace qui supplée à la force et qui la fait naître; ayez l'audace qui ranime les auxiliaires et ravit aux résistances le temps de se former; ayez l'audace qui frappe d'admiration ceux-là même qu'elle écrase. Marchez donc en avant, marchez à travers les obstacles. On voudra d'abord vous arrêter, bientôt on se rangera sur votre passage; vous partirez au milieu des murmures, vous arriverez au milieu des acclamations données à la victoire.

L'hésitation autorise les craintes et permet les espérances; elle refroidit le zèle et encourage l'opposition; elle ajoute à ses périls et diminue ses forces.

Ministres de la monarchie, proclamez son

triomphe; défenseurs de la charte, annoncez sa victoire; pontifes du pouvoir, ayez la foi.

Sans doute il ne s'agit pas d'appliquer la règle dans toute sa rigueur; l'indulgence est ici, comme souvent, plus près de la justice que la sévérité; mais enfin justice doit être faite des uns, et rendue aux autres.

Dirai-je qu'on n'a point à craindre de ravir le pain à des infortunés pères de famille? Ces prétendus soutiens de la monarchie ont exploité leur dévouement; leur opinion a été d'une admirable fertilité. Instruite que tout, ici-bas, est périssable, et dans la crainte de jours mauvais, leur sagesse a prudemment encaissé les consolations de l'avenir.

Si pourtant il est des vassaux ministériels qui aient besoin d'asile, qu'ils aillent frapper à la porte des soldats de la Loire; qu'ils aillent, nouveaux Bélisaires, tendre leur casque à la pitié des heureux qu'ils ont faits.

FIN DE LA DEUXIÈME LETTRE.

Sous presse;

IIIe LETTRE.

Mesure relative à la pairie.

Conseil supérieur attaché à chaque ministère.

Sous-secrétaires d'état.

Écoles spéciales attachées aux différens ministères.

Réformes.

Ministère des affaires ecclésiastiques.

Ministère de l'instruction publique.

Ministère des libertés publiques.

Ministère des affaires étrangères.

VERSAILLES. — IMPRIMERIE DE F. N. ALLOIS,
avenue de Saint-Cloud, n° 3.

www.ingramcontent.com/pod-product-compliance
Lightning Source LLC
Chambersburg PA
CBHW051214050726
47594CB00007B/3210